Heinz Janisch / Linda Wolfsgruber
FINNS LAND

Für Finn Fröschl, den heimlichen Chef aller Finnen,
und für Anton

Heinz Janisch / Linda Wolfsgruber

FINNS LAND

Carl Hanser Verlag

Seit Finn Finnland auf der Landkarte entdeckt
hat, will er alle sieben Minuten nach Finnland.
Er redet nur noch von Finnland.
Er kommt vom Klo und sagt: »Ich will nach
Finnland!«
Er sitzt in der Küche, rührt sein Brot
nicht an und murmelt: »In Finnland haben
sie sicher Brot mit Erdbeergeschmack.«

Er sitzt in seinem Zimmer, schaut aus
dem Fenster, und sein Blick sagt:
»In Finnland würde ich von meinem
Fenster aus ganz sicher das Meer sehen!«

Als Gutenachtgeschichte will Finn
nur noch von Finnland hören.
»Gibt es in meinem Land auch Löwen?«, fragt er.
Oder: »Wie lange braucht eine Giraffe,
um quer durch Finnland zu laufen?«
Manchmal fragt er mit müder Stimme:
»Müssen die Leute in Finnland
auch schlafen gehen?«

Manche Geschichten über Finnland lässt Finn nicht gelten.
»Nein, in Finnland ist es nie kalt!«, ruft er.
Oder: »Sogar wenn in Finnland Schnee liegt,
ist allen schön warm!«

Finn steht im Pyjama vor dem Spiegel.
»In Finnland sehen alle so aus wie ich«,
sagt er. »Nur größer oder kleiner.
Auch die Finn-Frauen.«

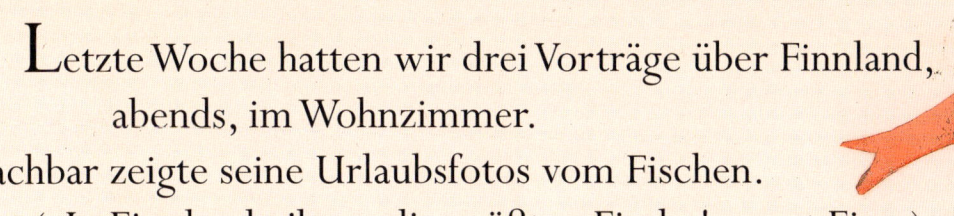

Letzte Woche hatten wir drei Vorträge über Finnland,
abends, im Wohnzimmer.
Ein Nachbar zeigte seine Urlaubsfotos vom Fischen.
(»In Finnland gibt es die größten Fische!«, sagt Finn.)

Ein freundlicher Herr vom Reisebüro ums Eck,
bei dem wir jeden zweiten Tag nach Finnland-
Reisen fragen, kam auf ein Glas Wein vorbei
und zeigte uns Fotos von den
schönsten Hotels in Finnland.

(»In Finnland gibt es
Hotels, die in der Luft
stehen können, drei Meter
über dem Boden. Da kommt
man nur mit einer Leiter hinein
und einer Rutsche heraus«, sagt Finn.)

Ein Freund, der vor zehn Jahren mit dem
Motorrad durch Finnland gefahren ist,
war bei uns und brachte seinen
Sturzhelm vorbei. Er zeigte uns
einen langen Kratzer auf dem Helm.
»Das ist von meinem Unfall
in Finnland«, erzählte er.
(»In Finnland ist jeder unverwundbar!«,
sagt Finn.)

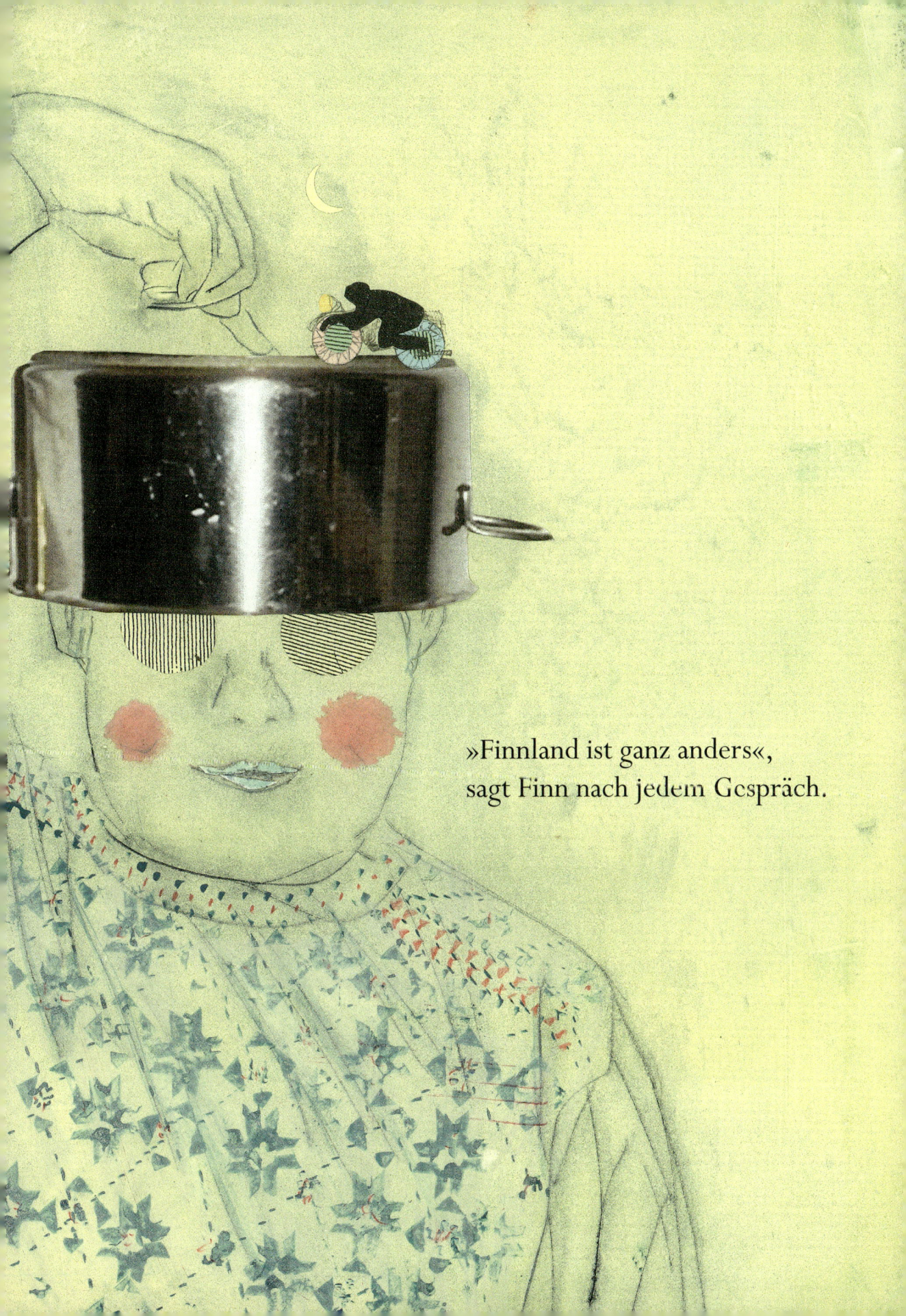

»Finnland ist ganz anders«,
sagt Finn nach jedem Gespräch.

Wie ist es denn, dein Finnland?«, fragen die Besucher gereizt.

»Also«, sagt Finn und holt tief Luft.

»In Finnland verbeugen sich die Bäume,

wenn ein Bär vorbeigeht …

… In Finnland rufen alle HURRA!,
wenn ihnen etwas einfällt,
und der Bürgermeister fährt
auf Schlittschuhen
durchs Dorf …

… In Finnland sitzen die Leute manchmal auf
unsichtbaren Stühlen mitten in der Wiese
und beim See und ruhen sich aus. In Finnland
spielen alle Leute Fußball, sogar
die Klosterschwestern …

… und die Polizisten. Und der
Hausmeister in der Schule auch.
Und als Prüfung in der Schule
gibt's eine große Schneeball-
schlacht. In Finnland …«

Schon gut, schon gut«, seufzen die Besucher.
»Schon verstanden. In Finnland ist alles möglich.«
»Ja, aber nicht immer«, sagt Finn.

Seit einigen Tagen macht Finn mir Sorgen.
Er isst kaum etwas und ist ungewohnt still.

»Duuu?«, fragt er plötzlich.
»Wie eng ist es eigentlich in England?«
»Hm«, sage ich. »Keine Ahnung.«
»Ich will nach England«, sagt Finn und
holt den Atlas.

Heinz Janisch, 1960 in Österreich geboren, ist Kinderbuchautor und Redakteur beim Österreichischen Rundfunk. Er studierte Germanistik und Publizistik in Wien, wo er heute auch lebt. Für seine Bücher wurde er vielfach ausgezeichnet, u.a. mit dem Bologna Ragazzi Award, dem Österreichischen Staatspreis für Kinder-lyrik und zuletzt, zusammen mit Isabel Pin, mit dem Österreichischen Kinder- und Jugendbuchpreis.

Linda Wolfsgruber, geboren 1961 in Bruneck/Italien, lebt als freie Künstlerin und Illustratorin in Wien. Ihre Arbeiten wurden bei vielen internationalen Ausstellungen gezeigt und mit einer Vielzahl von Preisen ausgezeichnet. Für ihr Bilderbuchschaffen erhielt sie bereits mehrere Male den Österreichischen Kinder- und Jugendbuchpreis. Für das Hanser Kinderbuch illustrierte sie Joseph Zoderers *Als Anja dem Christkind entgegenging*.

EBENFALLS BEI HANSER:

Peter Schössow
GEHÖRT DAS SO??!
Die Geschichte von Elvis
40 Seiten
ISBN 978-3-446-20563-5

Niemand weiß, warum das Mädchen mit der großen Handtasche wildfremde Leute anpflaumt – bis sich endlich jemand zu fragen traut.
Sie ist traurig, weil Elvis tot ist. Nicht *der* Elvis, sondern ihr Kanarienvogel, der jetzt endlich ein feierliches Begräbnis bekommt. Ihren neuen Freunden kann sie dann auch erzählen, wie Elvis so war und wie schön er gesungen hat. Ein Trostbuch für Kinder und ein wunderbares Bilderbuch voller Poesie.

Ausgezeichnet mit dem
Deutschen Jugendliteraturpreis

Kinder in ähnlicher Situation werden sich identifizieren, werden froh sein, dass jemand auch ganz offen zu seiner Trauer steht. *Der Tagesspiegel*

Ein rührendes Buch mit schrägen Ideen und einem tiefen Ernst für kindliche Gefühle. Wunderschön. *Kölner Stadt-Anzeiger*

EBENFALLS BEI HANSER:

Anu Stohner / Henrike Wilson
DAS SCHAF CHARLOTTE
32 Seiten
ISBN 978-3-446-20600-7

Das Schaf Charlotte steigt auf Bäume, springt in den Wildbach und erklimmt sogar den gefährlichen Zackenfelsen – alles Sachen, die sich für ein Schaf gar nicht gehören. Doch dann kommt der Tag, an dem sich der Schäfer den Fuß verknackst und keinen Schritt mehr gehen kann. Da bleibt nur eine, die in der Lage ist, Hilfe zu holen: Charlotte. Ein Buch für kleine Wilde und solche, die es gern wären!

Eine liebenswerte Geschichte, die dabei hilft,
eigene Ängste zu überwinden. *Brigitte*

Ein hinreißendes Bilderbuch für alle, die ab und zu heimlich davon träumen,
einmal wild, unangepasst und ein Held zu sein. *Neue Ruhrzeitung*

Anu Stohner und Henrike Wilson haben mit dem Schaf Charlotte
eine Heldin geschaffen, die man sofort ins Herz schließt. *FAZ*

Ein Kinderbuch-Glücksfall. *Salzburger Nachrichten*

Unser gesamtes lieferbares Programm
und viele andere Informationen finden Sie unter www.hanser.de

1 2 3 4 5   12 11 10 09 08

ISBN 978-3-446-23092-7
© Carl Hanser Verlag München 2008
Satz im Verlag
Druck und Bindung:
Memminger MedienCentrum AG, Memmingen
Printed in Germany